A SA GRANDEUR

MONSEIGNEUR

LE GARDE DES SCEAUX

DE FRANCE.

MONSEIGNEUR,

Père de famille, et après avoir exercé pendant plus de dix ans les fonctions d'avoué près le Tribunal civil de Charolles (Saône-et-Loire), ces fonctions m'ont été enlevées par une mesure de votre prédécesseur sur laquelle j'ose supplier Votre Grandeur de vouloir bien porter son attention, bien assuré que je n'aurai point en vain recouru à sa justice et à son pouvoir réparateur si je puis la convaincre que le coup qui m'a frappé n'était point mérité.

Voici les faits dans toute leur exactitude :

J'étais, par un motif tout-à-fait étranger à l'exercice de ma profession, tombé dans la disgrâce de M. le Procureur du Roi, qui en fit éclater les premiers effets dans une circonstance première qu'il peut être convenable de rappeler.

Enjoint (en 1821) pour trancher un désaveu contre un de mes confrères, je me rendis au greffe, assisté de ma partie, et j'écrivis moi-même sur le registre le désaveu qui fut signé par le client et par moi en ma qualité.

Sur l'expédition qui m'en fut délivrée, je m'aperçus que j'avais omis d'énoncer dans l'acte que la partie au nom de laquelle j'agissais m'avait *constitué* pour son avoué. Cette *constitution* s'inférait suffisamment sans doute des circonstances du fait ; mais mon ministère *forcé* m'imposait l'obligation d'observer toutes les formes, même les plus minutieuses.

Je retournai alors au greffe, et avec l'agrément du greffier j'écrivis, par un renvoi en marge de la minute, la mention de la constitution d'avoué que j'avais omise ; puis, remettant au greffier l'expédition qu'il m'avait délivrée, il y ajouta le renvoi tel qu'il venait d'être tracé sur la minute.

M. le Procureur du Roi fut instruit de cette rectification, et à l'instant même il commença contre moi une instruction de faux en écriture authentique. Les témoins furent entendus ; mais votre prédécesseur, Monseigneur, informé de cette procédure criminelle extraordinaire, commanda d'en arrêter le cours, et ordonna seulement au Procureur du Roi de me traduire à la Chambre du Conseil du Tribunal pour y requérir l'application de telle peine de discipline que le fait rapproché de ma conduite habituelle pouvait légitimer.

Je parus devant cette Chambre, M. le Procureur du Roi requit contre moi la peine de trois mois de suspension ; mais le Tribunal, dont je m'étais acquis la précieuse estime par la probité qui m'avait toujours dirigé dans mes fonctions, se borna à me recommander plus de circonspection à l'avenir.

C'est après cette première circonstance qu'un second fait, mais *antérieur* de plus d'une année, et dont M. le Procureur du Roi devint juge par sa promotion à la présidence du Tribunal, a donné lieu à la funeste mesure sur laquelle j'ose, Monseigneur, appeler votre attention.

Le grand nombre d'affaires dont j'étais chargé ne me permettait pas d'en suivre personnellement tous les détails.

Mon premier clerc, pressé, à ce qu'il paraît, par la nécessité d'une prompte signification d'une *requête en défenses*, ne s'était servi, pour tenir lieu de la *grosse* de l'écrit, que d'une seule feuille de papier timbré contenant seulement le commencement et la fin des défenses, et dans laquelle il s'était borné à interposer le projet de l'écrit resté en papier libre : abus presque général que j'interdisais toutefois dans mon étude autant qu'il était en moi.

Le procès jugé, le client vint subitement demander ses pièces pour les envoyer à Dijon où la cause était portée par appel; mon clerc fit de suite l'état de dépens, et, par une faute véritablement inexcusable, il y porta à la colone des *déboursés* une somme de 7 f. 20 c. pour *papier et signification*, en y comprenant 2 FRANCS 80 CENTIMES pour quatre feuilles de papier timbré qui auraient dû être employées pour la *grosse* des défenses, et qui cependant ne l'avaient point été.

Cet état, signé par moi aveuglément, fut approuvé avec la même confiance par le juge taxateur.

Mais en remettant le dossier à la partie, je m'aperçus de la faute commise par mon clerc, et je me hâtai de la réparer en diminuant sur le total de l'état les 2 *francs* 80 *centimes* qui y avaient été si mal à propos portés. J'ajoutai même une nouvelle remise à cette diminution; bref, je réduisis cet état de 7 *francs* 74 *centimes*, et je mentionnai cette réduction dans la quittance que j'écrivis au bas du même état.

Ceci se passait en 1820.

En 1822, les *défenses* furent, je ne sais par quel événement, retirées des pièces à Dijon dans l'état où elles y avaient été laissées, et déférées à la Chambre du Conseil du Tribunal de Charolles, où je fus traduit de nouveau sur l'inculpation de n'avoir point mis ces défenses en papier marqué.

En vain excipai-je de ce que cette faute était tout entière celle de mon clerc, et de ce que je n'en avais nullement profité ainsi que le justifiait la quittance mise au bas de l'état qui devait être dans les mains de l'avoué d'appel; la Chambre du Conseil me condamna à trois mois de suspension; et cette rigoureuse condamnation fut suivie, Monseigneur, de la décision de votre prédécesseur du 2 *octobre* 1822 qui me déclara *révoqué de mes fonctions!*

Je ne pouvais croire que ce fût le seul fait que je viens d'expliquer qui eût motivé cette peine capitale. Je devais en supposer d'autres, mais jamais je ne pus parvenir à les connaître. Ce n'est que très-récemment que j'ai effectivement appris que deux autres chefs d'inculpation, qui, je le proteste à Votre Grandeur, ne me furent toutefois point adressés devant la Chambre du Conseil, avaient encore été signalés contre moi à votre prédécesseur.

Qu'il me soit permis, Monseigneur, de les expliquer, et veuillez ne point vous lasser de m'accorder votre attention.

Un sieur Denis des Jean-Denis et autres avaient un procès très-compliqué contre une nommée Jeanne Berland. J'étais leur avoué.

Leur avocat, très-distingué d'ailleurs au barreau de Charolles, avait rédigé, d'après des conférences verbales avec eux, un écrit en forme de requête le 14 mars 1817 : il me le remit pour le faire signifier; mais je crus devoir auparavant obtenir l'agrément de mes cliens parce que cet écrit contenait des aveux assez importans.

Je le leur communiquai, et ils y remarquèrent des erreurs produites par quelques équivoques dans leurs explications premières.

Le travail était à recommencer, et le même avocat rédigea effectivement un second écrit qui, convenant cette fois aux parties, fut par moi signifié le 23 août 1817.

Le procès jugé, je remis les pièces aux cliens avec mon état de dépens.

Dans cet état figuraient à la colonne des *déboursés* une somme de 60 f. que l'avocat avait reçue de moi pour son premier écrit, et une pareille somme que je lui avais également donnée sur sa demande pour le second. Le même état expliquait que ce second avait seul été signifié, et il contenait à la colonne des *émolumens* les droits de cette signification.

Mes cliens vérifièrent, et me payèrent sans la plus légère difficulté.

Cependant il paraît que cet état de dépens fut communiqué à M. le Procureur du Roi qui crut aussitôt voir un double emploi dans la somme de 60 f. deux fois répétée; de là, et sans plus d'examen ni sans m'en avoir jamais demandé la moindre explication, ce reproche signalé plus tard contre moi à votre prédécesseur, *d'avoir fourni des écritures copiées et reproduites comme nouvelles pour lesquelles je demandai des droits excessifs non compris les droits de grosse.*

Mais *quels droits excessifs*, non compris les droits de la seule grosse que j'avais fait signifier, avais-je donc demandés ?

Les 60 fr. pour les honoraires de chacun des deux écrits ? Mais ces écrits n'étaient point mon ouvrage. Les honoraires en appartenaient et avaient été payés par moi, ainsi qu'on ne pouvait le contester, à l'avocat qui les avait rédigés. N'était-il pas juste que mes cliens me rendissent ces déboursés ? Et s'il était vrai que les deux pièces d'écritures ne fussent que la copie ou la reproduction l'une de l'autre, dans le but honteux d'en retirer de doubles honoraires, n'était-ce pas l'avocat qui seul aurait dû en être accusé ! Mais le moyen de croire qu'un avocat aussi distingué, et dont la mémoire est chère à tous ceux qui l'ont connu, eût commis une aussi basse supercherie !

Ce reproche dirigé contre moi n'a donc évidemment été que le résultat d'une inattention que l'esprit de prévention peut seul expliquer.

Reste la dernière inculpation dont voici le fait :

A la fin de décembre 1813, un sieur Jarot, se disant avocat, rue des Petites-Écuries, n.° 15, à Paris, m'adressa des titres d'un sieur *Picard*, négociant à Metz, contre M. Mallard, ex-émigré, résidant dans l'arrondissement de Charolles, avec une procuration *authentique et en brevet* de ce sieur Picard, sous la date du 22 *du même mois*, à l'effet de mettre ces mêmes titres à exécution.

Les égards dûs à un débiteur malheureux m'engageaient à ne rien précipiter. Une lettre de M. Mallard du 23 juin 1814 (six mois après) prouve tout à la fois mon peu d'empressement à suivre cette affaire, et mes démarches auprès de lui pour l'engager à la prévenir.

Je recevais lettres sur lettres du sieur Jarot, et je fus enfin forcé de diriger des contraintes auxquelles M. Mallard forma opposition; et au mois d'avril 1816 seulement il intervint jugement qui sursit à prononcer sur l'opposition jusqu'au 1.er janvier 1818.

Dès le 25 de ce même mois de janvier, le sieur Jarot m'écrivit pour me presser de reprendre le cours de l'instance, le sursis étant expiré; j'obéis, mais avec tant de lenteur encore que ce ne fut qu'au mois d'avril 1820 qu'intervint un dernier jugement qui renvoya définitivement M. Mallard avec dépens.

Appel à la requête du sieur Picard. J'envoyai les pièces à Dijon, et je n'entendis plus parler de cette affaire jusqu'au mois de janvier 1822, époque à laquelle je reçus une lettre de M. le Procureur du Roi m'annonçant que M. Mallard se plaignait de ce que s'étant disposé à agir contre le sieur Picard pour le remboursement de ses dépens, il avait appris que ce particulier était décédé trois ans avant le jugement de 1820, et de là ce dernier reproche déféré plus tard encore au prédécesseur de Votre Grandeur, *d'avoir poursuivi un procès au nom d'un défunt, dans le but d'augmenter les émolumens de mon état.*

Je dois dire cependant que m'étant empressé de communiquer à M. le Procureur du Roi la procuration authentique du 22 décembre 1813, et la correspondance de celui qui me l'avait adressée, ce Magistrat me parut satisfait de cette justification de ma conduite, et qu'aussi ne m'en reparla-t-il jamais depuis.

Et comment en effet la plainte de M. Mallard aurait-elle pu m'atteindre? Cette procuration du sieur Picard qui avait donné lieu au commencement du procès, les lettres du correspondant qui me l'avait adressée avec les titres de ce créancier, l'instance sur l'appel, tout ne se réunissait-il pas pour justifier ma bonne foi et l'impossibilité où j'étais de soupçonner que ce sieur Picard eût cessé d'exister pendant le cours de l'instance? et tout le monde ne sait-il pas d'ailleurs qu'une instance une fois commencée, peut valablement être poursuivie nonobstant le décès ultérieur de l'une des parties, tant que ce décès n'est point notifié?

On parle de mon avidité à augmenter les émolumens de mon état! Mais, sans faire ressortir la preuve du contraire résultant, dans le cas particulier, de la lettre de M. Mallard du 23 juin 1814, cette avidité prétendue ne m'aurait-elle pas plutôt engagé, si le décès du sieur Picard m'eût été connu, à le dénoncer pour me donner l'occasion d'un incident en reprise d'instance qui eût ajouté aux émolumens de cette très-mince affaire!

Vous le voyez donc, Monseigneur, il ne reste des divers reproches qui m'ont été adressés, et de cette exploration de toute ma conduite, que le fait malheureusement trop certain de cette contravention commise par mon clerc à la loi du fisc en faisant signifier un écrit dont la *grosse* était restée en papier libre.

Sans doute, et j'en sens la sévère nécessité, je devais en être responsable; mais cette faute, lorsque sur-tout il est démontré que je me suis hâté d'en récuser le profit personnel, était-elle donc assez grave pour m'avoir fait encourir la perte de mon état, l'anéantissement de ma fortune et de celle de mes enfans?

Ma famille et moi, Monseigneur, en appelons à votre souveraine équité. *La place que j'occupais*, le seul état que je puisse réserver à mon jeune fils, *est encore vacante;* Votre Grandeur n'a donc qu'un mot à dire pour qu'en m'y réintégrant le patrimoine de mes enfans leur soit restitué, et ce retour à la justice ajouté aux nombreux bienfaits de votre ministère.

J'ai l'honneur d'être avec le plus profond respect,

MONSEIGNEUR,

De Votre Grandeur,

Le très-humble et très-obéissant serviteur

RICAUD.

Sont joints à la présente, 1.º l'état de dépens au bas duquel est la quittance constatant la déduction des 7 francs 74 centimes mentionnés ci-dessus, et dont la date est attestée par une main non suspecte.

2.° Le double du second état de dépens, où sont portés en déboursés les 60 francs pour chacun des deux écrits dans l'affaire Denis, et les droits de signification de la grosse d'un seul de ces écrits.

3.° La lettre de M. Mallard du 23 juin 1814, la procuration du sieur Picard et la correspondance du sieur Jarot.

DIJON. IMPRIMERIE DE CARION.